# PETIT CATALOGUE

DE

# LIVRES CHOISIS AVEC LE PLUS GRAND SOIN

POUR LA

## BIBLIOTHÈQUE D'UNE JEUNE FILLE CHRÉTIENNE

DÉDIÉ

Aux Persévérantes du Catéchisme de St-Louis-d'Antin

## PAR M. L'ABBÉ A***

Piété, Instruction chrétienne, Éducation, Histoire,
Voyages, Littérature, Mélanges.

AU PROFIT D'UNE BONNE ŒUVRE.

PARIS. — 1850.

# AVIS IMPORTANT.

1° Tous les livres dont la lecture peut être permise ou même conseillée à une jeune personne, ne sont point renfermés dans ce petit catalogue.

2° Un examen consciencieux et sévère a présidé au choix de ceux que nous avons indiqués.

3° Pour éviter toute méprise dans l'acquisition des ouvrages auxquels on a dû faire subir des suppressions ou des corrections, il faudra *nécessairement* que les livres portent le nom du libraire-éditeur désigné.

4° On a aussi indiqué les noms des libraires-éditeurs chez lesquels on trouve les meilleures éditions ou les plus complètes.

5° On peut s'adresser en toute confiance, pour se procurer tous ces livres, à M. Devarenne, libraire, Faubourg St-Honoré, n° 14, et à Mme Coulon, rue Caumartin, n° 44.

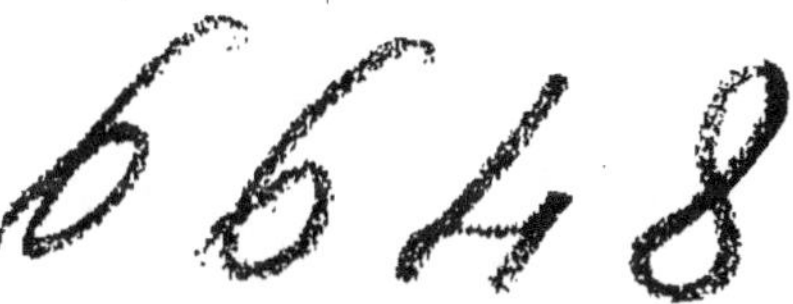

# PETIT CATALOGUE

DE

## LIVRES CHOISIS AVEC LE PLUS GRAND SOIN

POUR

### La Bibliothèque d'une Jeune Fille Chrétienne.

---

## PIÉTÉ, INSTRUCTION CHRÉTIENNE, ÉDUCATION.

---

**Paroissien ou Eucologe.**
(Éditions approuvées par les Supérieurs Ecclésiastiques.)

**Journée du Chrétien.** Édition considérablement augmentée et mise dans un meilleur ordre que les précédentes, imprimée par ordre de Monseigneur l'archevêque de Paris.
(Libraires associés pour les usages de Paris.)

**Imitation de Jésus-Christ.**

**Vie de N.-S. J.-C.**, ou Concorde des quatre Évangélistes; traduction du texte sacré avec des Notes pour en faciliter l'intelligence; par M. l'abbé Arnault.
(In-12. — Mame.)

**Manuel des Personnes pieuses,** ou Recueil de prières choisies, avant ou après la réception des Sacrements
(In-32. — Poussielgue-Rusand.)

**Recueil de Prières;** par Madame de Fenoil.
(In-18 ou in-32. — Périsse )

1850

**Visites au Saint-Sacrement et à la Sainte Vierge**, pour chaque jour du mois ; par Saint Liguori.

(In-32. — Tours, Mame.)

**Visites au Saint-Sacrement et à la Sainte Vierge**, pour demander la conversion des pécheurs ; par M. l'abbé Arnault.

( In-32. — Devarenne.)

**Le Combat spirituel**, augmenté de la Paix de l'âme et des pensées sur la mort, traduit de l'italien de Scupoli ; par Brignon.

(In-32. — Mame.)

**Le Froment des Élus**, ou Préparations et Actions de grâces pour la sainte Communion ; par Arvisenet.

( In-32. — Mame.)

**Entretiens familiers sur l'Oraison mentale** ; par un prêtre du diocèse de Reims.

(In-18. — Jacque Lecoffre.)

**Manrèze**, ou les Exercices spirituels de saint Ignace mis à la portée de tous les fidèles ; par un prêtre de la Compagnie de Jésus.

(In-12. — Poussielgue.)

**L'Ame élevée à Dieu et l'Ame pénitente**, par M. l'abbé Baudrand.

(In-12. — Poussielgue.)

**L'Ame sur le Calvaire**, par M. l'abbé Baudrand.

(In-12. — Poussielgue.)

**L'Ame unie à J.-C. dans le Saint-Sacrement de l'Autel**.

(2 vol. in-12. — Poussielgue.

**Conduite pour le temps de l'Avent**, par Avrillon.

(In-12. — Poussielgue.)

**Conduite pour le Carême**, par Avrillon.

(In-12. — Mame et Lefort.)

— 5 —

**Conduite pour les fêtes et octaves de la Pentecôte**, du Saint-Sacrement et de l'Assomption, par Avrillon.

(In-12. — Poussielgue.)

**Méditations et sentiments sur la sainte Communion**, par Avrillon.

(In-12. — Poussielgue.)

**Souffrances de N.-S. Jésus-Christ**, traduit du portugais, du P. Thomas de Jésus ; par le P. Alleaume.

(2 vol. in-12. — Lefort.)

**Retraite spirituelle**, du P. Bourdaloue.

(In-12. — Périsse.)

**Le Consolateur des Affligés et des Malades**, ou Recueil de méditations propres à élever l'âme au-dessus des chagrins et des souffrances de cette vie ; par M. l'abbé Martin de Noirlieu.

(In-12. — Gaume.)

**Élévations à Dieu**, sur tous les mystères de la Religion ; par Bossuet.

(Mame et Lefort.)

**Heures catholiques**, Livre de Prières et de Méditations, à l'usage des Fidèles ; par le prince de Hohenlohe. Traduit de l'allemand.

(In-18. — Gaume.)

**Méditations sur l'Évangile**, par Bossuet.

(2 vol. in-12. — Lefort).

**Dévotion au Sacré Cœur de Jésus**, par Galifet.

(In-18. — Mequignon.)

**Introduction à la Vie dévote**, de saint François de Sales. (*Nouvelle édition à l'usage de la jeunesse.*)

(In-18. — A. Leclerc et Comp.)

**Vraie et solide piété de saint François de Sales**, recueillie de ses lettres et de ses entretiens ; par Collot.

(In-12. — Mame et Lefort.)

**Vraie et solide piété de Fénelon**, recueillie de ses œuvres; par Monseigneur Dupanloup.

(4 vol. in-18. — Devarenne.)

**Abrégé de la perfection chrétienne**, de Rodriguez ; par Tricalet.

(2 vol. 12. — Lecoffre.)

**L'Art de rendre heureux tout ce qui nous entoure**, par l'abbé Carron.

(in-32. — Mame.)

**Caractère de la vraie dévotion**, par Grou.

(In-32. — Poussielgue.)

**L'Esprit de saint François de Sales**. Nouvelle édition , mise dans un meilleur ordre que les précédentes ; par un supérieur de séminaire.

(In-12. — Méquignon.)

**Instruction sur le Chemin de la Croix**. Édition revue par monseigneur de Belley.

(In-18. — Poussielgue.)

**Petit traité sur les petites vertus**; traduit de l'italien, de l'abbé comte de Roberti.

(In-32. — Poussielgue.)

**Le Nouveau Mois de Marie**, par monseigneur Le Tourneur, évêque de Verdun.

(In-32. — Goujon-Milon.)

**Excellence et pratique de la dévotion à la sainte Vierge**, par le P. Galifet.

(In-32. — Périsse.)

**Traité de la paix intérieure**, par le P. Lombez.

(In-18. — Périsse.)

**Lettres spirituelles sur la paix intérieure**, par le P. Lombez.

(In-18. — Périsse.)

**Instructions** pour éclairer les âmes pieuses dans leurs doutes et pour les rassurer dans leurs craintes. — **Instructions**

pour vivre chrétiennement dans le monde ; par le R. P.
Quadrupani. — Trad. de l'italien.

(2 vol. in-32. — Vaton.)

**Doctrine chrétienne**, par Lhomond.

(In-12. — Poussie'gue.)

**Bienfaits du catholicisme dans la société**, par M. l'abbé
Pinart.

(In-8. — Mame.)

**L'Église catholique** considérée comme l'image la plus par-
faite des perfections de Dieu, par M. l'abbé Arnault.
Dédié à la Jeunesse catholique.

(Sous presse. — Devarenne et Mad. Coulon.)

**Des fêtes de l'Église**, ouvrage où l'on développe l'esprit
des cérémonies de chaque fête.

(In-12. — Poussielgue.)

**Catéchisme historique**, par Fleury.

(In-12. — Mame.)

**Explication abrégée des cérémonies de la messe**, par le P.
Lebrun ; édit'on augmentée d'une notice de Bergier,
sur les heures canoniales, avec la prière du matin et du
soir, de la confession et de la communion. 39 gravures.

(2 vol. in-18. — A. Leclère.)

**Traité de l'éducation des filles**, par Fénelon.

(In-18. — Périsse.)

**Le Livre de l'Enfance chrétienne**, ou Instruction d'une mère
à ses enfants ; par madame la comtesse de Flavigny.

(In-32. — Mame.)

**L'Amie des jeunes personnes**, par mademoiselle Anaïs
Martin.

(In-12. — Devarenne.)

**Anecdotes chrétiennes**, par l'abbé Reyre.

(2 vol. in-12. — Périrse.)

**Vie de Victorine de Galard Terraube.**

(In-12. — Sagnier et Bray.)

**Vie des Justes**, dans les plus hauts rangs de la Société.

( In-12. — Poussielgue )

**Vie de Marie Lecksinska,** par l'abbé Proyart.

(In-12. — Méquignon.)

**Vie de saint Louis de Gonzague** et de saint Stanislas de Kostka.

(In-12. — Poussielgue.)

**Vies des Saints** pour tous les jours de l'année, avec une prière et des pratiques à la fin de chaque vie, et des instructions sur les Fêtes mobiles; édition augmentée.

(In-12. — Mame.)

**Vie de madame de Chantal,** ou le Parfait modèle de la femme chrétienne ; par M. Malaurie.

(In-8. — Périsse.)

**La Clergé de France,** ou Modèles de vertus.

(In-12. — Mame.)

**Vies des Dames françaises** qui ont été les plus célèbres dans le xviiᵉ siècle , par leur piété et leur dévouement pour les pauvres , par l'abbé Carron.

(In-18. — Périsse.)

**Élisa et Marcie,** ou Vies de deux Enfants des catéchismes de Saint-Sulpice.

In-18. — Lecoffre.)

# HISTOIRE, VOYAGES.

**Histoire sainte** suivie d'un abrégé de l'Histoire ecclésiastique jusqu'à la conversion de Clovis, par M. Victor Boreau ; approuvée par monseigneur l'archevêque de Paris.

(2 vol. in-12. — Hivert.)

**Histoire de la Religion avant Jésus-Christ**, par L'Homond.

(In-18. — Mame.)

**Histoire de l'Église**, par Lhomond.

(In-18. — Mame.)

**Cours complet d'histoire**, par A. M. D. G.; belle édition avec cartes.

(4 vol. in-12. — Poussielgue.)

**Cours complet d'histoire**, par M. E. Lefranc.

(11 vol. in-12. — Lecoffre.)

**Histoire ecclésiastique.** A. M. D. G. avec cartes.

(2 vol. in-18. — Poussielgue.)

**Chronologie historique des Papes**, des conciles généraux, des conciles des Gaules et de France ; par M. Louis de Maslatrie.

(In-8. — Gaume.)

**Abrégé de l'Histoire de l'Église gallicane**; par l'abbé Faucillon Duparc.

(In-12. — Poussielgue.)

**Histoire du Bas-Empire et de l'empire Ottoman**, ouvrage dédié à M. l'archevêque de Paris. A. M. S. S. C. C. G.

(2 vol. in-18. — Poussielgue.)

**Histoire de France**, depuis les origines gauloises jusqu'à nos jours, par M. Amédée Gabourd.— Troisième édition revue et considérablement augmentée.

(3 vol. 12. — Lecoffre.)

**Histoire de France**, par M. Mennechet.

(4 vol. grand in-12. — Langlois.)

**Clovis et son époque.**

(In-12. — Mame.)

**Charlemagne et son siècle.**

(In-12. — Mame.)

**Histoire de saint Louis.**

(In-12. — Mame.)

**Histoire abrégée des Croisades**; par Valentin.

(In-12. — Mame.)

**Histoire des chevaliers de Malte**; par l'abbé Vertot. (*Edit. corrigée.*)

(In-12. — Mame.)

**Histoire de Jeanne d'Arc**; par Roy.

(In-12. — Mame.)

**Jeanne d'Arc d'après les chroniques contemporaines**; par Guido Gœrres ; traduit de l'allemand par M. Léon Boré.

(In-12. — Lecoffre.)

**Histoire de Louis XI.**

(In-12. — Mame.)

**Histoire de la ligue formée contre Charles le Téméraire**, duc de **Bourgogne**; par M. le baron Marie Théodore de Bussières.

(1 fort vol. in-8.    Lecoffre.)

**Les ducs de Bourgogne**, histoire des xive et xve siècles; par F. Valentin.

(In-12.    Mame.)

**Histoire de Charles VIII**, roi de France.

(In-12.    Mame.)

**François Ier** et la Renaissance ; par M. de la Gournerie.

(In-8.    Mame )

**Histoire de Charles-Quint.**

(In-12. — Mame.)

**Histoire de Louis XIV**; par Amédée Gabourd.

(In-12. — Mame.)

**Histoire de Bossuet**, d'après M. de Beausset ; par M. Roy.

(In-12. — Mame.

**Histoire de Fénelon**, d'après M. de Beausset, par M. Roy.

(In-12. — Mame.)

**Journées mémorables de la Révolution francaise**, depuis **1787** jusqu'en **1804**, par M. le vicomte Walsh.

(5 vol. in-8. — Poussielgue.)

**Histoire de Napoléon**, par Amédée Gabourd.

(In-8. — Mame )

**Les Grands Hommes de la France**, par T. Muret.

(2 vol. in-8. — Lecoffre.)

**Histoire de Paris**, depuis son origine jusqu'à nos jours ; par Th. Muret.

(In-12.Lecoffre.)

**Panorama de la Corse**, ou Histoire abrégée de cette île,

et description des mœurs et des usages de ses habitants; par M. l'abbé de Lemps.

(In-18. — Lecoffre.)

**Histoire d'Espagne**, par le comte Victor de Hamel.

(In-12. — Mame.)

**Histoire de Pologne.**

(In-12. — Mame.)

**Histoire de Stanislas Ier**, par l'abbé Proyart.

(2 vol. in-12. — Méquignon.)

**Pierre-le-Grand**, par M. Dubois.

(In-12. — Mame.)

**Les Chinois**, pendant une période de 4,458 ans; par M, de Chavannes de la Giraudière.

(In-8. — Mame.)

**Histoire du Christianisme au Japon**; par le R. P. Charlevoix.

(2 vol. vol. in-8. — Lecoffre.)

**Abrégé du même ouvrage.**

(In-12. — Lecoffre.)

**Histoire et description du Japon.**

(In-12. — Mame.)

**Histoire d'Italie**, par M. Mazas de Sarrion, avec cartes et grand tableau synoptique.

(2 vol. in-18. — Poussielgue.)

**Histoire d'Angleterre, d'Écosse et d'Irlande**, avec cartes.

(2 vol. in-18. — Poussielgue.)

**L'Irlande**, son Histoire.

(In-8. — Mame.)

**Histoire de la Suisse.**

(In-12. — Mame.)

**Les Pélerinages de Suisse**, par Louis Veuillot.

(In-8. — Mame.)

**Rome et Lorette**, par Louis Veuillot.

( In-8. — Mame.)

**Histoire de Venise** ; par Valentin.

(In-12. — Mame.)

**Aventures et Conquêtes de Fernand Cortez** au Mexique.

(In-12. — Mame.)

**Conquête du Pérou** et Histoire de Pizarre.

(In-12. — Mame.)

**Abrégé de l'Histoire générale des Voyages**, par La Harpe. (avec *suppressions et corrections*.)

(30 vol. in-12 avec cartes. — Poussielgue.)

Cette édition est corrigée avec soin et augmentée d'un extrait des voyages les plus récents. Chaque voyage se vend séparément.

**Abrégé de tous les Voyages autour du Monde (1517-1832).**

(In-12. — Mame.)

**Voyages au pôle nord (1830-1833).**

(In-12. — Mame.)

**Voyages dans l'Asie méridionale.**

(In-12. — Mame.)

**Voyages en Abyssinie et en Nubie.**

(In-12. — Mame.)

**Voyages en Perse** ; par E. Garnier.

(In-12. — Mame )

**Voyages et découvertes dans l'Afrique.**

(In-12. — Mame.)

**Voyages de Christophe Colomb.**

(In-12. — Mame.)

**Voyages des compagnons de Colomb.**

(In-12. — Mame.

**Voyages et Aventures de Lapeyrouse.**

(In-12. — Mame).

**Voyages en Sicile et à Malte.**

(In-12. — Mame )

**Voyages du capitaine Cook.**

(In-12. — Mame.)

**Voyages de la Trappe à Rome ;** par le R. P. de Géramb.

( 1 vol. in-8. — A. Leclère.)

**Pélerinage à Jérusalem et au mont Sinaï,** par le R. P. de Géramb.

(3 vol. in-12. — A. Leclère.)

**Mission d'Amérique et d'Océanie.**

(In-12. — Périsse.)

**Missions du Levant, d'Asie et de la Chine.**

(In-12. — Périsse )

**La Grande Chartreuse,** le mont Blanc et l'hospice du grand Saint-Bernard, voyage en Dauphiné, en Savoie et Suisse ; par L. D. Audiffret.

(In-12. — Waille.)

**Mes Vacances en Italie,** par M. l'abbé Ch. Moreau, curé de Saint-Médard, à Paris.

(In-12. — Sagnier et Bray.)

# LITTÉRATURE, MÉLANGES.

**Dictionnaire classique de la langue française.** — In-18 de 938 pages, à l'usage des maisons d'éducation, etc., par A. M. D. G.

(Poussielgue.)

**Cours de Littérature et de Belles-Lettres;** par M. A. d'Angely.

(In-18. — Poussielgué.)

**Fleurs de l'Éloquence,** ou Recueil en prose des plus beaux morceaux de la littérature française, avec une notice sur chaque auteur ; par M. l'abbé Renaud.

(In-8. — Mame.)

**Fleurs de la poésie française,** etc., avec une notice sur chaque poète ; par M. l'abbé Rabion.

(In-8. — Mame.)

**Fables choisies de La Fontaine** (*Édition à l'usage de la jeunesse.*)

(In-18. — Poussielgue.)

**Fables choisies de Florian** (*à l'usage de la jeunesse*), édition augmentée du poème de Tobie et de Ruth.

(In-18. — Périssse.)

**Aventures de Télémaque,** par Fénelon. (*Édition corrigée.*)

(In-12. — Poussielgue.)

**Bossuet de la Jeunesse**, ou Morceaux extraits des principaux ouvrages de Bossuet ; par M. Saucié, professeur de rhétorique.

(In-8. — Mame.)

**Discours sur l'Histoire universelle**, de Bossuet.

(2 vol. in-12. — Poussielgue.)

**Chefs-d'Œuvre oratoires de Massillon.**

(In-12. — Lefèvre.)

**Chefs-d'Œuvre oratoires de Bossuet.**

(In-8. — Lefèvre.)

**Chefs-d'Œuvre oratoires de Fénelon.**

(In-8. — Lefèvre.)

**Recueil des Oraisons funèbres de Bossuet et de Fléchier.**

(In-12. — Périsse.)

**Œuvres choisies de Buffon** (*à l'usage de la jeunesse*).

(In-8. — Mame.)

**Œuvres de Boileau** (*à l'usage de la jeunesse, édit. corrigée*).

(In-18. — Poussielgue.)

**Œuvres choisies de J.-B. Rousseau,** suivies des meilleures odes de Malherbe, Lefranc, L. Racine, Malfilâtre. (*Édition corrigée*).

(In-18. — Poussielgue.)

**Œuvres choisies de Pierre Corneille,** avec une biographie et des notes ; par M. Saucié.

(In-8. — Mame.)

**Œuvres choisies de Racine,** avec la vie de l'auteur ; publié par M. Saucié.

(In-8. — Mame.)

**Choix de Lettres de Madame de Sévigné,** spécialement destiné aux pensionnats de demoiselles, par M. l'abbé Allemand.

(In-8. — Mame.)

**La Religion**, poème de Racine fils, avec les tragédies d'Esther et d'Athalie.

(In–18. — Poussielgue.)

**La Henriade**. (*Edition corrigée à l'usage de la jeunesse.*)

(In.–12. — Poussielgue.)

**Le Génie du Christianisme**; par Chateaubriand. — (*Édition à l'usage de la jeunesse.*)

(2 vol. in–12. — Poussielgue.)

**Les Poètes anglais**, ou Cours de littérature contenant les plus beaux morceaux de la poésie anglaise, etc., etc.; par M. Cruice.

(In–12. — Lecoffre.)

**Le Narrateur anglais**, ou Séries d'anecdotes tirées des meilleurs auteurs, formant un cours de versions et de lectures, etc.; par M. Cruice.

(In–12. — Lecoffre.)

**Tableau de la Littérature allemande**; par madame Amable Tastu.

( In–8. — Mame.)

**Tableau de la littérature italienne**; par madame Amable Tastu.

(In–8. — Mame.)

**Œuvres choisies de Sylvio Pellico** (*à l'usage de la jeunesse*); par M. Woillez.

(In–8. — Mame.)

**Tableau de la Création**, par Jehan.

(2 vol. in-8. — Mame.)

**Éléments de physique**, avec un grand nombre de planches; par M. l'abbé Henri Gras.

(In–8. — Lecoffre.)

**Entretiens sur la chimie** et sur ses applications les plus curieuses; par M. Ducoin-Girardin.

(In–8. — Mame.)

**Archéologie chrétienne**, ou Précis des monuments religieux du moyen âge ; par M. l'abbé Bourassé.

(In-8. — Máme.)

**Tableau poétique des fêtes chrétiennes** ; par M. le vicomte Walsh.

(In-18. — Hivert.)

**Lucia Mondella**, nouvelle italienne, tirée des Fiancés de Manzoni ; par l'abbé D.

(In-12.—Gaume.)

**Thomas Morus** ; par madame la princesse de Craon.

(2 vol. in-12.—Gaume.)

**L'Orpheline de Moscou**, ou la Jeune Instilutrice; par madame Woillez.

(In-12. — Mame.)

**Auguste et Thérèse**, ou le Retour à la Foi; par madame Tarbé des Sablons.

(In-12. — Mame.)

**Le Frère et la Sœur**, ou les Leçons de l'adversité; par madame Woillez.

(In-12.— Mame.)

**Léontine et Marie**, ou les deux Educations; par madame Woillez.

(In-12. — Mame.)

**L'Ami des jeunes Filles**, Journal des loisirs utiles, paraissant tous les mois ; dirigé par madame Drohojowski, née Symon de Latreiche.

( Rue Saint-Antoine, 72, ou maison de Commission générale, rue du Helder, 14.)

PARIS,
IMPRIMERIE BÉNARD ET COMP.
rue Damiette, 2.